공기야 놀자

공기야 놀자 실험하며 깨치는 기체의 비밀

펴낸날 2013년 9월 25일 초판 1쇄 | 2023년 9월 30일 초판 8쇄
지은이 이선경, 이은진 | **그린이** 유설화
펴낸이 신광수 | **CS본부장** 강윤구 | **출판개발실장** 위귀영 | **디자인실장** 손현지
아동콘텐츠개발팀 박재영, 설예지 | **출판디자인팀** 최진아, 김현중 | **저작권 업무** 김마이, 이아람
출판사업팀 이용복, 민현기, 우광일, 김선영, 신지애, 허성배, 이강원, 정유, 설유상, 정슬기, 정재욱, 박세화, 김종민, 전지현
CS지원팀 강승훈, 봉대중, 이주연, 이형배, 이우성, 전효정, 신재윤, 장현우, 정보길
펴낸곳 (주)미래엔 | **등록** 1950년 11월 1일 제16-67호
주소 서울시 서초구 신반포로 321 | **전화** 미래엔 고객센터 1800-8890 팩스 541-8249
홈페이지 주소 www.mirae-n.com

ⓒ 이선경, 이은진, 2013

ISBN 978-89-378-8623-2 74400
ISBN 978-89-378-4604-5 (세트)

* 이 책은 저작권법에 따라 한국 내에서 보호받는 저작물이므로 무단 전재와 무단 복제를 금합니다.
  이 책의 전부 또는 일부를 이용하려면 반드시 저작권자와 (주)미래엔의 동의를 받아야 합니다.
* 이 도서의 국립중앙도서관 출판시도서목록(CIP)은 e-CIP홈페이지(http://www.nl.go.kr/ecip)와
  국가자료공동목록시스템(http://www.nl.go.kr/kolisnet)에서 이용하실 수 있습니다.(CIP제어번호: CIP2013017892)
* 파본은 구입처에서 교환해 드리며, 관련 법령에 따라 환불해 드립니다. 다만, 제품 훼손 시 환불이 불가능합니다.

공기야 놀자

이선경 · 이은진 글 | 유설화 그림

저자의 글

"물을 끓이면 물이 죽는 거 아니에요?"

이 책을 쓰기 전에 초등학생 민지와 대화하던 중 민지가 한 말입니다. 이 말을 듣고 저는 신선한 충격을 받았습니다.

어른들이 당연하게 알고 있다고 생각하는 것들을 전혀 다르게 이해하는 아이들은 또 어떤 생각들을 머릿속에 담고 있는 걸까? 그러한 생각을 밖으로 이끌어 내기 위해서는 어떤 자극이 필요할까?

그리고 더 나아가서 그러한 생각들이 지니는 창의적인 가치를 해치지 않으면서도 올바른 과학적 개념으로 이끌어 주기 위해서는 어떤 도움이 필요할까?

아이들은 다양한 방식으로 자연 현상을 경험합니다. 그리고 스스로 발견하고 탐구하며 자신이 아는 것과 연결시켜 자연을 설명해 내려고 합니다.

또 아이들은 일상적인 경험과 활동으로부터 궁금증과 의문점을 만들어 내곤 합니다.

그러므로 아이들은 자기 스스로 만들어 낸 질문에 대해 왜 그런지를 고민하고 해결점을 찾아가는 노력을 통해서 가장 효과적이고 의미 있는 학습을 할 수 있습니다.

하지만 어린아이들이 기체의 존재와 행동을 제대로 이해하기란 쉽지 않은 일입니다. 눈에 보이지 않기 때문에 더욱 어렵지요. 아이들은 자신이 가지고 있던 기존의 개념을 토대로 새로운 과학 개념을 받아들이기 때문에, 처음에 잘못 이해된 개념은 다음에 오는 관련 개념의 학습을 어렵게 만드는 원인이 됩니다.

따라서 과학의 기본이 되는 중요한 개념들은 처음부터 매우 주의 깊게 경험하고 이해할 수 있도록 도와줄 필요가 있습니다.

아이들의 생각으로부터 출발하여 과학적 현상을 이해하도록 도와주자는 것이 이 책의 저자들이 추구하는 과학 교육의 방향입니다.

이 책을 구성하는 대부분의 활동들은 공기와 관련된 것입니다. 우리 주변에 언제나 존재하지만 결코 눈에 보이지 않는 대상을 직간접적으로 체험해 보도록 하는 것이지요. 이 책에 소개된 활동은 실제 이 책의 주인공인 민지가 스스로 발견해 내고 창출해 낸 것을 토대로 한 것입니다. 또한 그 활동을 통해 민지가 궁금해 하는 다양한 질문들을 다루었습니다. 이러한 활동을 직접 해 보면서 아이들이 기체의 존재에 대해 느끼고 체험하고 상상하고 이야기하도록 한다면, 기체의 본질에 대해서 더 잘 이해할 수 있게 될 것입니다.

이선경, 이은진

민지의 글

"공기에 대해 알아 가는 건 정말 재미있어!"

안녕?

난 초등학교에 다니는 민지야.

이건 내 비밀 실험 노트인데, 네게만 살짝 공개할게!

날마다 이것저것 재밌는 놀이를 하고 있는데, 어찌나 궁금하고 신기한 것이 많이 생기는지 몰라.

난 공기에 관심이 많아.

신선한 공기는 우리 몸에 좋다는데 그럼 공기에도 종류가 있는 건지 궁금해. 공기는 눈에 보이지 않는데, 어떻게 움직이는지도 정말 알고 싶어!

그래서 집에서 직접 과학 실험 놀이를 해 보기로 마음먹었지.

참! 내 친구 케미를 소개할게. 과학 실험을 늘 함께하는 친구야.

사실, 케미는 우리 집 고양이란다!

언제나 같이 과학 실험을 하자고 하고선, 내 실험을 망쳐 놓는 일이 더 많긴 하지만, 때론 의외의 답을 해 주는 꽤 똑똑한 고양이야. 먹을 걸 가지고 실험 놀이 하는 걸 가장 좋아하고, 목욕은 싫어해도 물을 이용한 실험은 잘

도와주는, 언제나 나와 함께하는 좋은 친구지.

그리고 가끔 실험에 도움도 주지만, 주로 심술을 부리는 일이 더 많은 민돌 오빠도 있어.

나한테는 재밌는 과학 실험 도구가 정말 많아. 내게 특이하고 신기한 도구가 많이 있느냐고? 그건 아니야. 꼭 특별한 도구가 많아야 재미있는 과학 실험을 할 수 있는 건 아니거든.

물, 공기, 과자 봉지, 비닐봉지, 빈 주사기와 컵 등 우리가 집에서 쉽게 구할 수 있는 것들로 재밌는 실험을 할 수 있어.

그리고 공기가 보이지 않으니 공기를 상상하며 머릿속으로 하는 실험도 참 흥미로워. 공기는 어디에 있지? 공기는 어떻게 움직이지? 이런 질문들에 대해 여러 원인들을 찾고 하나하나 따져 가며 그럴 듯한 대답을 만들어 보는 거야.

너도 한번 해 보지 않을래? 아주 중요한 것도 쉽고 재미있게 알아낼 수 있는, 신나는 과학 실험 놀이를 말이야!

차례

민지의 글　6

1 과자 봉지는 왜 빵빵할까?　10
　　케미의 과학 탐구　과자 봉지에 숨은 비밀!
　　케미의 과학 비법　끊임없이 궁금해 하고 가설 세우기

2 과자 봉지 속에는 꼭 질소만 넣어야 할까?　19
　　케미의 과학 탐구　질소와 산소는 성격이 달라
　　케미의 과학 비법　대조군과 실험군이 꼭 필요해

3 질소 기체를 모을 수 있을까?　28
　　케미의 과학 탐구　기체마다 무게가 다르다고?
　　케미의 과학 비법　과학 실험 제대로 하기

4. 컵 안의 공기를 만질 수 있을까?　35
　　케미의 과학 탐구　공기는 물보다 가벼워!
　　케미의 과학 비법　관찰 통해 규칙 찾기

5. 컵 안 공기를 모을 수 있을까?　43
　　케미의 과학 탐구　물은 지나가되, 공기는 지나가지 못한다?
　　케미의 과학 비법　증거를 토대로 주장하기

6. 물이 가득 찬 컵을 거꾸로 뒤집으면 어떻게 될까?　52

　　케미의 과학 탐구　마술이 아니라 '표면 장력' 때문이지
　　케미의 과학 비법　예상과 사실 맞춰 보기

7. 텅 빈 주사기 안에 무엇이 있을까?　59

　　케미의 과학 탐구　공기를 어떻게 확인할 수 있을까?
　　케미의 과학 비법　인과 관계 따져 보기

8. 아무것도 없는 공간을 확인해 볼까?　68

　　케미의 과학 탐구　진공이란 무엇일까?
　　케미의 과학 비법　실험으로 얻은 증거를 지식과 연결하기

9. 기체와 기체 사이에 무엇이 있을까?　77

　　케미의 과학 탐구　머릿속으로 상상해 보기!
　　케미의 과학 비법　과학 용어를 사용해 이야기하기

결론　84

부록 - 케미의 과학 비법 총 정리　88

1 과자 봉지는 왜 빵빵할까?

학교에 다녀오니 엄마가 간식을 주셨어.

야호! 내가 좋아하는 감자 칩! 나는 신이 나서 케미를 불렀지.

케미는 내가 가장 좋아하는 내 친구야. 간식도 같이 먹고 놀이도 같이 해. 궁금한 게 있으면 같이 고민하기도 하는 똑똑한 고양이 친구지. 중학교에 다니는 민돌 오빠에게는 절대 양보 안 할 테지만 케미라면 내 간식도 나눠 줄 수 있다고!

- 케미야. 우리 같이 간식 먹자!
- 우아, 감자 칩! 어서 뜯어봐.
- 그래! 민돌 오빠가 나타나기 전에 빨리 먹자!

🐱 맞아. 또 뺏어 먹을걸?

👧 오빠는 맨날 그런다니까. 짠! 드디어 열었다.

🐱 에이, 이게 뭐야. 과자는 조금밖에 들어 있지 않잖아.

👧 이상하다. 아까는 분명히 굉장히 큰 과자 봉지였는데?

🐱 이거 봐! 과자는 조금밖에 없고 공기만 잔뜩 들어 있었네.

👧 공기? 과자 봉지 속에 공기가 들어 있었어?

🐱 응. 아까 네가 봉지를 조금 뜯었을 때 앞발로 눌러 보니 시원한 바람이 새어 나왔어. 그게 공기 아냐?

👧 그래? 그럼 이 안에 공기를 넣어 둔 건가? 왜? 과자 봉지에 왜 공기를 넣어?

🐱 민지야, 과자 안에 뭐가 들어 있는지는 과자 봉지 뒷면에 다 나와 있을 거야!

케미의 말에 나는 과자 봉지 뒷면을 유심히 살펴보았어. 작은 글씨가 깨알같이 쓰여 있었지. 하지만 너무 어려운 말들이라 눈이 핑글핑글 돌지 뭐야! 그런데 작은 글씨들 사이에서 유독 눈에 띄는 큰 글씨가 있었어.

 아이코, 케미가 민돌 오빠에게 도움을 요청하러 가 버렸어. 난 사실 민돌 오빠에게 묻는 게 그다지 내키지 않아. 중학생인 우리 오빠는 언제나 내가 하는 놀이를 방해하고 일부러 문제의 답을 배배 꼬아 가르쳐 주기도 하는 심술쟁이거든. 하지만 답답할 때는 어쩔 수가 없지.

- 오빠, '질소 충전 포장'이 뭐야?
- 엉? 너 같은 꼬마가 그렇게 어려운 말을 어디서 봤어?
- 치, 만날 꼬마래. 아까 케미랑 같이 감자 칩 먹으려고 뜯었는데, 과자 봉지에 과자는 조금밖에 없고 시원한 바람이 새어 나왔어. 그래서 그 안에 공기가 들어 있는 게 아닐까 생각했거든. 그런데 공기를 넣었다는 말 대신 '질소 충전 포장'이라고 쓰여 있기에 물어보는 거야.

늘 이렇다니까. 난 할 수 없이 오빠에게 과자를 나눠 주었어. 한참 맛나게 과자를 먹고 난 오빠는, 그게 과자 봉지 안에 '질소'라는 걸 넣었다는 뜻이라고 했어. 우리가 들이마시고 내쉬는 게

공기인데, 공기에는 산소라는 것도 있고 질소라는 것도 있다는 거야. 그뿐 아니라 수소도 있고 탄소도 있고, '공기'라고 부르는 것의 종류가 굉장히 많대.

그런데 글쎄, 공기는 가만히 한자리에 있지 않고 이리저리 움직인다는 거 아니겠어? 공기가 움직일 때 나타나는 현상이 바로 바람이래.

아하, 이제 알겠어. 아마 공기가 이리저리 옮겨 다니기 때문에 케미 콧수염이 날리거나 내 모자가 날아가는 건가 봐. 그래서 감자 칩 과자 봉지 안의 질소가 밖으로 나오는 움직임이 바람이 새어 나오는 것처럼 느껴진 거겠지?

민지의 과학톡

공기는 이리저리 움직여요!

🧑 쉽게 말해서 과자 봉지에 질소라는 공기를 넣었기 때문에, 그 속에서 질소가 새어 나오는 걸 바람으로 느꼈다고 생각하면 될 거야.

👧 그럼 왜 질소를 과자 봉지에 넣는 거야?

🧑 쩝쩝, 다 먹었네. 이제 나도 더 이상은 몰라.

민돌 오빠의 심술이 또다시 시작된 거야. 이제 남은 건 케미와 내가 알아내야겠어. 과자 봉지에는 왜 질소를 넣었을까? 그냥 공기도 있고, 산소도 있는데 말이야. 케미와 나는 과자 봉지에 질소를 넣는 이유를 추측해 보았어.

👧 과자 봉지를 더 크게 보이게 하려고 질소를 넣은 게 아닐까?

🐱 과자 봉지를 크게 만들면 비싸게 팔 수 있을 거야. 하지만 과자는 별로 없고 질소만 가득 든 과자를 누가 사 먹고 싶어 할까? 이건 아닌 것 같아.

👧 과자를 썩지 않게 하려고 질소를 넣었나?

🐱 비스킷이나 초콜릿에는 질소를 넣지 않아도 썩지 않잖아. 그렇다면 과자를 썩지 않게 하려고 질소를 넣는 건 아닐지도 몰라.

과자가 부스러지지 않게 하려고 그런 걸까?

 오호, 공기를 과자 봉지 안에 넣으면 빵빵해지니까, 과자가 부서지지 않을 거란 얘기지? 일리 있어 보이기도 하네.

그런데, 꼭 질소를 넣어야 하는 이유는 여전히 설명이 잘 되지 않는걸? 질소 말고, 산소도 있고 탄소도 있다던데. 다음 실험에서 좀 더 알아봐야겠어!

케미의 과학 탐구

과자 봉지에 숨은 비밀!

야옹, 반가워! 앞에서도 인사했지만 난 민지의 친구이자 실험 파트너야.

나는 사실 과학에 참 관심이 많은 특이한 고양이지. 호기심 많은 민지가 질문할 때마다 남몰래 민지가 생각의 꼬리를 물고 과학적 진실을 찾을 수 있게 도움을 주곤 해.

빵빵한 과자 봉지에 호기심이 발동한 민지의 궁금증이 뭐였지?

"과자 봉지는 왜 빵빵할까? 아무래도 과자가 부서지지 말라고 넣는 것 같긴 한데, 왜 굳이 질소라는 걸 넣었을까?"

"질소는 그냥 공기하고는 다른 걸까?"

"공기를 넣은 과자 봉지를 만들면 어떨까? 공기는 아무 데나 많으니까 그걸 넣으면 더 편하고 좋을 것 같은데!

민지의 호기심은 정말 대단해! 민지는 과자 봉지가 빵빵한 이유는 '질소'가 들어 있기 때문이란 것을 알아냈어. 민지의 생각대로 과자가 부서지지 않게 하기 위해서 질소라는 기체를 넣은 게 맞아.

하지만 왜 반드시 '질소'를 넣어야 하는지는 아직 의문이지! 이건 다음 장에서 실험을 통해 알아볼 거야.

그 전에 헷갈릴지도 모르니 한 가지만 알아 두고 넘어가자. 우리가 여기서 이야기한 질소나 산소는 기체의 종류들 중 하나야. 그리고 이렇게 여러 종류의 기체들이 모여 있는 걸 공기라고 하지. 우리 주변에 있는 공기는 질소와 산소를 주로 하고 그 외 적은 양의 다른 기체들이 섞여서 이루어져 있단다.

그럼 이제 다음 장으로 넘어가 볼까?

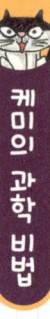

끊임없이 궁금해 하고 가설 세우기

'과학'이라는 말만 들어도 머리가 지끈거리는 친구들이 있을지 몰라. 과학이 너무 좋아 장래 희망이 과학자인 친구들이 있을지도 모르지! 공통점이라면 누구나 과학을 잘하고 싶다는 거겠지? 너희들도 과학에 관심이 많다고? 그럼 민지에게만 알려 주려던 과학 잘하기 비법을 너희에게도 가르쳐 줄게. 기대해도 좋아.

우선, 과학은 과학자들만 하는 어려운 활동이 아니야. 자신감을 가져 봐! 일상생활에서 발견하는 평범한 궁금증에서 과학이 시작되지. 과학은 궁금한 것을 풀기 위해 하는 활동이거든. 조금 전에 민지가 궁금해 했던 게 뭐였지?

'왜 과자 봉지에 질소를 충전할까?'

그래, 이런 작은 궁금증에서 과학이 시작되는 거야.

그 다음에는 질문에 대한 답변이 되는 가설을 여러 개 만들어 보고, 가장 적당한 것을 선택하는 거지. 민지와 나는 세 가지 가설을 만들었어.

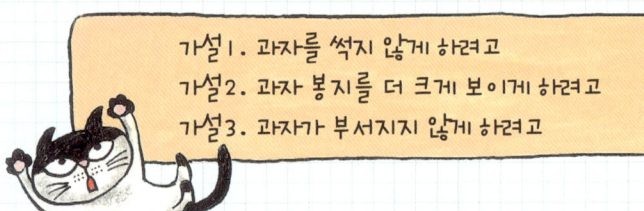

가설1. 과자를 썩지 않게 하려고
가설2. 과자 봉지를 더 크게 보이게 하려고
가설3. 과자가 부서지지 않게 하려고

민지와 내가 가장 좋은 설명으로 선택한 것은 세 번째였지? 그 이유는 첫 번째, 두 번째 가설은 그 근거가 적절하지 않다고 판단했기 때문이야.

과학자들도 궁금한 질문을 던지고 그 질문에 대한 가설을 여러 가지 설정한 뒤 가장 논리적이고 타당한 것을 선택해. 물론 이런 가설이 반드시 정답이 되는 건 아냐.

다만 이처럼, 끊임없이 궁금증을 갖고 올바른 설명을 찾기 위해 시도하는 것이야말로 과학자의 가장 중요한 태도라고 할 수 있다는 거지.

2 과자 봉지 속에는 꼭 질소만 넣어야 할까?

오늘은 기어코 지난번에 궁금했던 걸 알아내리라 마음먹었어. 그러기 위해서는 먼저 앞서 관찰했던 것들을 다시 한 번 꼼꼼히 들여다봐야 할 것 같아. 어제 먹은 과자 봉지를 이리저리 살펴보고 있는데, 케미가 와서 물었어.

- 민지야, 오늘은 과자로 과학 실험 안 할 거야?
- 응, 할 거야. 그런데 먼저 이것 좀 자세히 살펴보려고.
- 아직도 그게 궁금하구나? 신선도 유지를 위해 '질소 충전'인가? 뭐 그런 어려운 말이 적혀 있었다고 했잖아.
- 그런데 왜 질소를 넣어야만 신선도가 유지된다는 거지?

과자 봉지에 쓰인 말이 왜 이렇게 어려울까? 우선 질소가 무엇인지부터 찾아봐야겠어.

'질소'는 공기의 약 78퍼센트를 차지한다. 무색, 무미, 무취이며, 물에 녹기 어렵고 상온에서는 비활성 상태이다.

이렇게 케미와 내가 열심히 자료를 검색하고 있는데, 민돌 오빠가 우리 뒤로 쓱 나타났어.

- 하하, 열심히 하는걸? 근데 컴퓨터만 들여다봐서야 뭘 얼마나 알 수 있겠어?
- 뭐라고? 오빠는 얼마나 안다고 우릴 무시하는 거야?
- 이 오빠야 모르는 게 없지. 힌트 하나 줄까? 질소 대신에 다른 걸 과자에 넣어 보면 어떨까? 잘 생각해 보렴. 물론 너희들은 천 년을 생각해도 알아내기 힘들 테지만 말이야. 하하하! 그럼, 난 이만 멋지게 퇴장!
- 뭐라고? 이런, 잘난 척은!

오빠는 얄미웠지만, 듣고 보니 질소 말고 다른 걸 넣고 비교해 보면 질소를 넣는 까닭을 알 수 있을 것도 같아. 케미와 나는 과자 봉지에 질소 외에 무엇을 넣으면 될지 생각해 봤어. 물을 넣으면 다 젖어 못 먹게 될 테고……. 질소가 아닌 다른 공기를 넣으면 어떨까?

공기는 여러 가지 기체가 섞여 있어요.
그중 가장 많은 기체는 질소예요.

그래서 난 과자 봉지 두 개 중 하나에 바늘로 구멍을 냈어. 그리고 과자 봉지를 살살 눌러서 그 구멍으로 바람을 빼내는 거야.

- 그러니까 여기서 나오는 게 질소구나?
- 응, 콧수염이 바람에 날리고 있어. 이제 어떻게 할 거야? 바로 먹어도 되는 거야?
- 아닌 것 같아. 잘 모르겠지만 그래도 내일까지는 놔둬야 되지 않을까?

하루가 지난 후 과자 봉지를 꺼냈어. 먼저 가만히 두었던 새 과자 봉지를 뜯어서 먹어 봤어. 과자는 역시 바삭바삭 맛있었어.

민지의 실험 노트

과자에 공기 넣기

준비물 : 과자, 바늘, 셀로판테이프, 주사기

1 바늘로 과자 봉지에 구멍을 낸다.

2 과자 봉지의 구멍으로 바람을 빼낸다.

3 뚫은 구멍에 주사기로 공기를 집어넣는다.

4 셀로판테이프로 구멍을 막고 하루 동안 보관한다.

 케미야, 이거 먹어 봐.

 바삭바삭해! 역시 감자 칩은 맛있어!

 자, 이번에는 어제 주사기로 공기를 넣어 두었던 그 과자를 먹

어 볼 차례야.
- 그래. 혹시 모르니 민지 네가 먼저 먹어 봐. 하하하.
- 좋아! 내가 먼저 도전해 보지! 어? 과자가 이상해. 바삭바삭하질 않아.
- 어디, 나도 한번 먹어 볼게. 정말이네. 좀 눅눅한 것 같아.
- 그치? 그냥 공기를 넣으니 과자가 바삭거리질 않아.

  질소 대신 주사기로 공기를 넣은 과자는 맛이 없지 뭐야. 아무래도 과자 봉지에 질소를 넣은 이유가 바로 이거였나 봐.

  생각해 보니, 밥 먹고 나서 엄마는 눅눅해지지 않게 김이 담긴 그릇 뚜껑을 닫아 놓으라고 항상 말씀하셨지. 김이나 과자가 바삭한 맛을 유지하려면 공기와 같이 있으면 안 되는 것 같아. 그래서 과자 봉지 안에는 아무 공기나 넣는 게 아니라 질소라는 특정 기체만 넣는 거지.

  그런데 과자 봉지에 넣는 질소는 어떤 기체일까? 공기는 눈에 보이지 않으니 다 똑같은 줄 알았는데, 우리 주변에 늘 있는 그냥 공기와는 어떻게 다른 걸까?

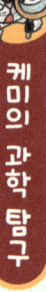

질소와 산소는 성격이 달라

오늘 드디어 과자를 맛보면서 실험을 했지. 야옹! 난 과학도 잘하지만 먹는 것도 잘하는 고양이거든.

민지가 쭉 궁금했던 게 바로 '과자 봉지에 꼭 질소만 넣어야 할까?'였지?

과자 봉지에 공기를 넣지 않고 질소를 넣은 데는 이유가 있어. 과자에 그냥 공기를 넣어 두면 과자가 맛없게 변해 버리거든. 질소는 과자 맛을 바삭바삭하게 유지해 주지만 공기는 그렇지 못하기 때문이야. 공기 중에는 산소와 수증기 등이 있어서 과자 맛을 변하게 해.

사실 질소라는 기체는 아주 흔해. 우리가 마시는 공기의 약 78퍼센트가 질소지. 질소는 아주 안정된 물질이야. 안정되다는 게 무슨 뜻이냐면, 다른 물질들과 만나도 성질이 변하거나 새로운 물질을 만들지 않는다는 말이야.

예를 들어 공기 중에 질소 다음으로 많이 들어 있는 산소는 다른 물질들과 만나면 많은 일을 일으켜.

우선 산소는 음식물을 만나면 맛을 쉽게 변하게 하고, 철로 된 물질과 만나면 녹이 슬게 해. 산소는 다른 것들과 만나 쉽게 변화하지. '녹'은 철과 같은 물질이 산소와 만나 생긴 또 다른 물질이야.

'녹'처럼, 산소가 어떤 물질과 만나서 다른 물질로 변하는 현상을 과학 용어로 '산화'라고 해. 과학 용어는 처음에는 어렵지만 자꾸 쓰면 익숙해질 거야.

이렇게 산소와는 달리, 질소는 어디에서 어떤 물질과 만나더라도 있는 듯 없는 듯 점잖게 지내지. 그래서 과자 봉지에는 산소 대신에 질소 같은 안정된 기체를 넣는 거야.

둘의 성격이 이렇게 다르냐옹.

대조군과 실험군이 꼭 필요해

나와 민지가 한 실험 잘 봤냐옹? 어때, 굉장히 간단해 보이지 않았어? 과자도 먹고 실험도 하고 일석이조지? 그런데 사실은 민지가 굉장히 중요한 생각을 해냈어. 과자를 두 봉지 준비한 것 말이야. 과자를 많이 먹고 싶어서 그런 게 아니라, 과학 실험에 필요한 '대조군'과 '실험군'을 준비한 거야. 이게 대체 무슨 말이냐고? 표현은 어려워도 사실 의미는 간단해.

실험군 : 우리가 과학 실험을 통해 알고 싶어서 무언가를 바꾸어 실험하는 바로 그것

대조군 : 우리가 알고 싶은 것과 비교하기 위해서 아무것도 손대지 않고 그냥 놔두는 것

민지가 의문을 가지고 밝히고자 했던 게 뭐였지? '과자 봉지에 왜 반드시 질소를 넣는가?'였지? 그래서 '주사기로 공기를 집어넣은 과자 봉지가 어떻게 될 것인가'를 실험하기로 했어. 바로 이것이 '실험군'이 되는 거야. 한편 아무런 변화도 주지 않고 그대로 둔 과자 봉지는 실험을 한 과자 봉지의 실험 결과와 비교해 보는 '대조군'이 되는 거란다.

즉, 주사기로 공기를 넣은 과자 : 실험군

원래대로 아무것도 손대지 않고 그냥 두는 과자 : 대조군

과학 실험 과정에서 대조군의 존재는 매우 중요해. 비교할 대상이 있어야 무엇이 달라졌는지 정확하게 이해할 수 있기 때문이야. 여러분도 무언가를 바꿔서 어떻게 변화하는지 알기 위해 실험을 하려면 대조군을 만들어서 실험군과 비교해 봐야 해.

3 질소 기체를 모을 수 있을까?

오늘은 질소라는 기체의 특징을 알아보려고 해. 그러기 위해서는 우선 질소를 따로 모아야겠어. 그래야 질소가 무지개 색처럼 예쁜 색인지, 아니면 까만색이거나 흰색인지, 냄새는 방귀 냄새인지 꽃향기가 나는지, 아니면 아무런 냄새도 나지 않는지 알 수 있을 테니까.

과자 봉지 안에 질소가 들어 있는 걸 알았으니, 과자 봉지 안의 질소를 빼내서 모으면 되겠지?

그런데 먼저 과자 봉지에 들어 있는 질소를 따로 비닐봉지 안에 모을 수 있는 방법을 찾는 게 문제야.

과자 봉지와 비닐을 가져다 놓고 만지작거리며 생각해 보니,

좋은 생각이 떠올랐어. 과자 봉지와 비닐봉지를 기다란 관으로 연결해서 그 관을 통해서 질소를 빼내면 될 것 같아.

빨대의 한쪽 끝과 비닐봉지를 연결할 때 고무줄로 잘 묶어서 바람이 새지 않도록 하는 게 중요해. 그리고 과자 봉지의 구멍에

끼운 빨대와 과자 봉지 사이를 셀로판테이프로 잘 붙여서 질소가 새지 않도록 주의해.

- 자, 여기 비닐봉지에 모인 게 질소란 말이지. 야호, 풍선 같아! 질소 풍선이다! 앗, 그런데 이 풍선은 위로 떠오르지는 않네? 민지야, 놀이동산의 풍선들처럼 이것도 하늘 위로 날아가게 할 수는 없어?
- 그러게, 이건 하늘로 날아가는 풍선은 아닌가 봐. 그냥 땅으로 떨어진다!
- 또 어떤 특징이 있는 것 같아, 민지야?
- 질소는 색깔이 없는 것 같아. 그리고 냄새도 안 나는 것 같아. 그냥 과자 냄새만 나는데?

케미와 나는 '질소'에 대한 설명을 다시 찾아 읽어 봤어.

질소는 공기의 약 78퍼센트를 차지한다. 무색, 무미, 무취이며, 물에 녹기 어렵다.

그래, 실제로 질소를 확인해 보니 질소는 색도 없고, 맛도 없고, 냄새도 없다는 이 설명이 정말이었네!

게다가 질소만 모은 비닐봉지는 놀이동산의 풍선처럼 하늘로 날아가지 않고 땅으로 떨어졌어. 이걸 보면 공기보다 질소가 무겁다는 것도 알 수 있지.

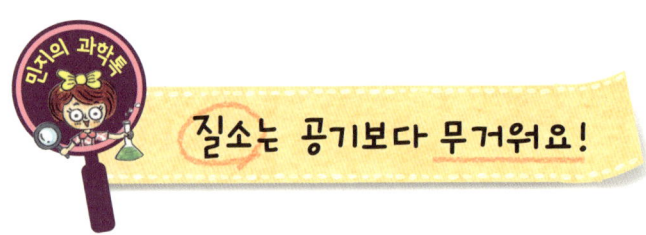

이렇게 질소 모으기 실험 성공! 질소의 특징에 대해서도 잘 알게 됐지. 케미랑 함께 실험하면 모든 게 술술 풀린다니까?

케미의 과학 탐구

기체마다 무게가 다르다고?

우리는 아주 간단한 실험으로 질소 기체를 모을 수 있었어. 집에 있는 도구로 과자 봉지 안의 질소를 비닐봉지에 따로 옮겨 담은 거야.

그런데 참 이상하지? 질소만 담은 비닐봉지는 왜 놀이동산의 풍선처럼 하늘로 날아오르지 못할까?

풍선이 하늘로 날아가려면 그 속에 공기보다 가벼운 기체를 넣어야 해. 그래야 공기 중에 두둥실 떠오를 수 있지.

기체는 매우 작아서 우리가 그 무게를 느낄 수 없지만, 기체의 종류마다 무게가 달라. 질소를 넣은 풍선이 떠오르지 않았다는 건 풍선 속의 질소가 공기 중으로 날아오를 만큼 가볍지 않다는 걸 뜻해.

하늘에 두둥실 떠오르는 풍선 속에는 공기보다 가벼운 기체들이 들어 있어. 헬륨이나 수소라고 불리는 기체야. 이 기체들은 공기보다 가벼워서 공기 중에 잘 떠 있을 수 있어.

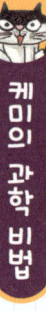

케미의 과학 비법

과학 실험 제대로 하기

민지와 내가 한 실험 어때? 이렇게 간단한 게 무슨 실험이냐고? 무슨 말씀! 실험실에서 과학자들이 하는 실험처럼 정교하고 복잡하지는 않더라도, 엄연히 제대로 된 실험을 했다고 할 수 있어.

민지와 내가 한 '질소 공기 모으기 실험'은 쉽고 간단해 보이지만, 실험을 계획하고, 적절한 도구를 선택하며, 순서에 맞게 실행한 뒤 그 결과를 검토하는 과정을 모두 거쳤어.

첫째, 실험을 계획하고 적당한 도구를 정해서 쓰임에 맞게 사용하기

적당한 도구를 정해서 알맞게 쓰지 않는다면 효과적인 실험을 할 수 없어. 민지는 질소를 과자 봉지에서 비닐봉지로 옮길 수 있는 도구로 빨대를 선택했고 적절히 활용했어.

둘째, 순서에 맞춰 실행하고 결과 이끌어 내기

순서에 맞게 실행하지 않는다면 실험 과정을 고쳐서 다시 실험하거나, 뭐가 틀렸는지 그 문제점을 찾으려고 할 때 머릿속이 뒤죽박죽 엉망이 될 거야.

하나 더 기억해 둘래?

우리가 질소를 모으기 위해서 어떻게 했지? 집에 있는 비닐봉지와 빨대를 이용했지? 옛날 과학자들도 우리처럼 주변에 있는 것들을 이용해 실험을 했어. 꼭 실험실같이 훌륭한 도구가 갖춰져야만 실험할 수 있는 건 아니란 말씀! 주변에서 구할 수 있는 간단한 도구를 사용할 때 오히려 창의적인 실험 계획이 나오기도 해! 민지와 내가 시도했던 방법 말고도 기체를 모을 수 있는 방법은 다양해. 너희가 스스로 한번 찾아봐!

4 컵 안의 공기를 만질 수 있을까?

오늘은 학교가 끝나자마자 집으로 헐레벌떡 달려왔어.

케미랑 놀고 싶어서 말이야. 집에 들어왔는데 케미가 나를 힐끔 쳐다보더니 알은체도 안 하고 도도한 몸짓으로 저만큼 가 버리지 뭐야. 하지만 난 알지. 케미가 나만 기다렸다는 걸 말이야.

그런데 도도하게 가 버린 케미가 대야에서 물장난을 하고 있지 뭐야? 목욕하는 것도 싫어할 만큼 물을 싫어하는 녀석이 웬일일까? 좋아! 대야와 유리컵, 오늘의 실험 도구로 당첨!

 케미야, 컵을 거꾸로 물속에 세워 볼까? 어라? 컵이 잘 안 들어가네. 왜 이럴까?

- 응? 컵 안에 뭐가 들었나? 물 안에 빈 컵을 넣었으니 물이 들어갔나?
- 컵 안에 물이 있는 것 같기도 하고 아닌 것 같기도 하고…….
- 음, 자세히 보니 컵 안에 물이 가득 찬 게 아냐.
- 그러네. 케미야, 네 말대로 컵 안에 물은 그다지 차지 않았어.
- 맨 밑바닥에 조금 올라온 게 물이지? 그럼 그 위에는 뭐가 들어 있는 거야?
- 음……. 이건 혹시 공기 아닐까?
- 공기? 내 눈에는 아무것도 안 보이는데?

- 아이참. 공기는 원래 안 보이잖아.
- 보이지도 않는데 공기가 있는지 어떻게 안다는 거야?
- 글쎄……. 분명히 공기가 들어 있는 것 같긴 한데 말이야.
- 내가 한번 건드려 볼게.

케미가 물속에 발을 넣어 앞발로 컵을 살짝 건드리자, 컵이 옆으로 비스듬히 기울어지면서 공기 방울이 꼬륵꼬륵 소리를 내며 물 위로 올라왔어.

- 정말 공기가 들어 있었네.
- 맞아. 공기가 물 안에 갇혀서 못 나오고 있었나 봐.
- 좋아, 이번엔 컵 안에 공기를 잡아서 넣어 볼래.

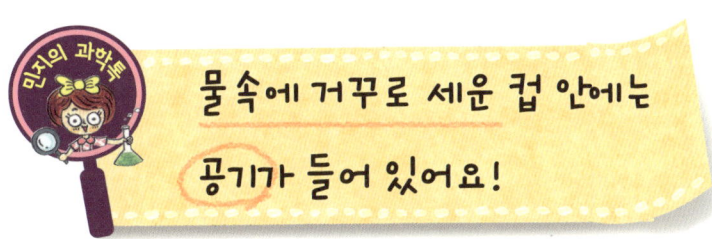

민지의 과학톡
물속에 거꾸로 세운 컵 안에는 공기가 들어 있어요!

🐱 공기만 들어가면 알아볼 수 없을 테니까 물과 공기를 반반씩 넣어야 할 것 같아.

👧 손으로 컵의 입구를 반쯤 막고, 기울여서 물속에 넣는 거야.

🐱 컵 속에 물이 조금씩 들어와! 자, 이제 컵 속에 물 반, 공기 반씩 들어가게 되었어.

👦 야호, 드디어 공기를 컵 안의 물속에 집어넣었어!

 컵 속에는 물과 공기 덩어리가 함께 들어 있었어. 손으로 막은 컵 속에서 공기는 물속에 잡혀서 아무 데도 가지 못하고 있었던 거야. 난 컵을 물에 담근 채로 이리저리 흔들어 보았어. 그랬더니 물속에 갇힌 공기가 이리저리 움직이는 게 보여.

 그리고 컵 속에 손가락을 넣어 공기 덩어리의 가운데를 꾹 눌렀어. 그랬더니 공기가 작은 공기 두 덩어리로 나뉘기도 해! 이렇게 공기를 손으로 만져 보니 정말 신기해.

 손으로 공기 만지기 성공!

👧 그런데 케미야, 이 컵 속에 들어 있는 공기가 왜 자꾸만 위로 올라올까?

민지의 실험 노트

컵 안에 공기 모으기 준비물 : 대야, 유리컵

1 반쯤 물을 채운 대야와 컵을 준비한다.

2 손으로 컵의 입구를 반쯤 막고 기울여 물속에 넣는다.

3 컵 입구가 수면 위로 올라오지 않도록 주의하면서, 손가락으로 공기 덩어리를 움직여 보고 여러 작은 덩어리로 나눠 본다.

 음……. 그거야 공기니까?

 왜? 공기가 물 밑으로 가라앉을 수는 없나?

 어? 물 밑으로 가라앉는다고? 그건 너무 이상하지 않아?

공기가 왜 물보다 위에 있는지 민돌 오빠에게 질문하러 가 보니, 소파에서 헝클어진 자세로 낮잠을 자고 있어.

이러다 학원 지각한다고 엄마한테 혼날걸, 메롱!

잠결이라 평소와 달리 심술부리지 않고 대답을 술술 해 주네?

만약 공기보다 물이 더 가벼우면 어떻게 될까? 그럼 바다가 위에 있고 하늘이 아래에 있게 될 거야. 어때, 정말 이상하겠지?

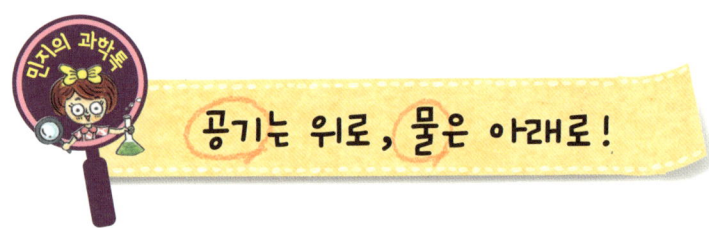

공기는 위로, 물은 아래로!

케미의 과학 탐구

공기는 물보다 가벼워!

물컵과 대야로 공기를 직접 만져 본 민지는 아주 신이 나 보이던걸? 그러다 굉장히 중요한 질문 하나를 던졌어. 컵 속의 공기가 왜 자꾸 위로 올라오냐는 거야.

왜 공기는 항상 물 위에 있을까?

답을 먼저 말해 주자면, 공기가 물보다 가볍기 때문이지! 어떻게 생각하면 너무 당연한 것 같기도 하고, 어떻게 생각하면 아리송하기도 하다고? 그렇다면 간단히 이 사실을 확인해 볼까? 직접 물과 공기의 무게를 재어 보면 되는 거 아니겠냐옹.

빈 종이컵 두 개를 준비해서 하나에는 물을 가득 따르고 하나는 그냥 두는 거야. 빈 종이컵에는 공기가 담겨 있겠지? 그걸 양 손바닥에 각각 놓아 봐. 어느 종이컵이 더 무겁니? 당연히 물이 든 종이컵이 더 무겁지?

거봐, 공기가 물보다 가볍다는 게 밝혀졌지?

가벼운 것과 무거운 것이 함께 있을 땐, 가벼운 것이 항상 위로 올라가고 무거운 것은 아래로 내려가. 그래서 물은 아래로, 공기는 위로 올라가는 거야.

물속에 거꾸로 잠긴 컵을 기울이면 컵 속의 공기가 꼬르륵 올라오는 것도 마찬가지야. 공기는 가벼우니까 컵을 빠져나오면 물 안에서 갇혀 있지 않고 물 위로 달아나 버리는 거지.

케미의 과학 비법

관찰 통해 규칙 찾기

관찰을 하다 보면, 비슷한 것이 계속 나타날 때가 있지? 과학자들은 현상을 관찰하다가 비슷한 것이 반복해서 나타나면 거기에 주목해.

반복되는 현상을 알아채면 규칙을 만들어 낼 수 있기 때문이야.

민지랑 내가 컵을 가지고 여러 가지 물놀이를 했지?
컵을 뒤집어엎고, 옆으로 누이고, 요리조리 움직여도 보았어.
똑똑한 민지는 바로 눈치채더라고? 공기는 항상 물 위에 떠 있다는 사실을 말이야.
이처럼 비슷한 것이 반복되는 걸 규칙성을 지닌다고 해.
민지가 컵으로 물놀이를 하면서 여러 가지 상황을 잘 관찰했기 때문에, '공기는 언제나 물 위에 떠 있다.'라는 반복되는 현상을 알게 된 거야.
현상을 관찰하고 나자 민지는 그 이유에 대해 의문점을 갖게 되었어. 그리고 여러 가지를 고민해 본 뒤에 '공기가 물보다 가볍기 때문'이라고 생각하게 된 거야.
이처럼 과학 실험을 할 때 먼저 자세히 관찰을 한 뒤 그 속에서 반복해 나타나는 규칙성을 찾아내는 것은 그 현상이 일어나는 원인을 찾는 데 매우 중요한 과정이야.

5 컵 안의 공기를 모을 수 있을까?

공기를 만져 본 건 참 신기한 일이었어. 그러자 이번에는 공기를 손으로 잡아 보고 싶어졌어. 그런데, 어휴. 아무리 해도 잘 되질 않는 거야. 물이 담긴 컵 속에 손을 넣어 보았지만, 공기는 손 안에 잡히지 않고 요리조리 피하기만 하는 거 있지. 공기 방울이 빤히 보이는데 잡을 수가 없으니 얼마나 답답한지 몰라.

컵 안의 공기를 모아 볼 수는 없을까? 공기를 모을 수 있는 도구가 있는지 한번 찾아볼까?

 케미야, 집 안에 공기를 모을 수 있는 도구가 있는지 한번 찾아보자.

🐱 하하! 내 밥그릇이 딱이네. 공기를 넣어서 뚜껑을 덮어 버리는 거야.

👧 그러면 내 손으로 공기를 느낄 수가 없잖아. 밥그릇처럼 단단한 거 말고 부드러운 거면 좋겠어.

🐱 오호, 그래? 저기 빨래 건조대에 있는 손수건은 어떨까?

👧 괜찮을까? 빨래가 다시 젖었다고 꾸중 들으면 어쩌지?

🐱 우린 엄연히 과학 실험 중이잖아. 야옹!

👧 한번 해 볼까? 자, 손수건으로 컵 주둥이를 덮고…….

🐱 손수건 위에 물을 떨어뜨려 볼까?

👧 케미야, 이것 봐. 손수건이 풍선처럼 부풀어 오르고 있어!

이걸로 풍선도 만들 수 있겠는걸?

 하하, 손수건 풍선? 그래, 여기 손수건 끝을 모아서 부푼 손수건을 조심스럽게 움켜쥐면 풍선 모양이 되겠지?

 수건이 물 밖으로 빠져나오지 않도록 조심해야 해. 야옹!

이렇게 손수건 끝을 모아서, 풍선 모양을 만들자!

눌러 보니 푹신푹신해!

참 신기해. 물이 들어가자 손수건이 왜 볼록 부풀어 올랐을까? 꼭 손수건 안에 공기를 넣은 것처럼 말이야. 컵 안에 들어간 건 손수건 틈 사이사이로 스며든 물뿐인데, 손수건을 부풀게 한 공기는 어디에서 온 걸까?

 드디어 잡았다! 난 공기는 잡을 수 없다고 생각했는데. 손으로 공기를 직접 잡을 순 없지만, 손수건을 이용하면 풍선처럼 만들어서 잡을 수 있구나!

 민지야, 손수건을 부풀어 오르게 한 공기는 어디서 온 걸까?

 그러게 말이야. 그게 정말 신기해! 이 공기는 어디서 온 거야? 우린 공기를 넣은 적이 없잖아.

민지의 실험 노트

손수건 부풀리기 준비물 : 대야, 유리컵, 손수건

1 빈 컵을 물속에 똑바로 세워 놓는다.

2 컵 위에 손수건을 씌우고 그 위로 물을 조금씩 떨어뜨린다.

3 컵 안으로 물이 들어가도록 손수건 위로 물을 떨어뜨려 최대한 부풀린다.

4 최대한 부풀어 오른 손수건을 공기가 빠져나가지 않게 모아 잡아 손수건 풍선을 만든다.

또 잘난 척 시작이야. 흥! 그건 민돌 오빠가 질문하지 않아도 우리의 고민거리였다고! 손수건 풍선에 공기가 있는 건 확실한데 말야.

- 케미야, 처음부터 다시 생각해 보자. 원래 컵 안엔 물이 없었어. 그렇지?
- 맞아, 물은 들어 있지 않았어. 그런데 잠깐, 야옹! 공기는 어디에나 존재하니까 아마 컵 안에 공기가 있었을 거야. 그리고 우

리는 손수건으로 컵을 덮었지.

🙂 그래, 그 다음에 물을 손수건 위로 떨어뜨리자 손수건은 점차 젖었고 처음에는 큰 변화를 못 느꼈어.

🐱 그래, 물이 꽤 많이 들어가더니 순간 손수건이 부풀어 오르는 거야. 갑자기 왜 그렇게 됐을까?

🙂 케미야! 물이 들어가니까 컵 속에 있던 공기가 위로 올라온 게 아닐까?

🐱 그렇지, 공기가 물보다 가벼우니까! 물이 아래로 내려가고 공기가 위로 올라오면서……!

 다시 정리해 볼까? 컵 속에 공기가 있었고, 우리는 컵을 손수건으로 덮고 물을 떨어뜨려 컵에 물을 넣었어. 물이 어느 정도 들어가자 공기가 위로 올라와 손수건을 부풀게 했다는 거지!

공기가 있던 컵 속에 물이 들어가게 되면, 공기가 있던 자리는 원래보다 좁아지게 되겠지? 다시 말해서 공기가 있을 곳이 부족하단 말이야. 그래서 공기가 다른 곳으로 가려고 하는 거야. 그런데 아래쪽에는 물, 옆에는 유리, 위쪽에는 젖은 손수건이 둘러싸고 있지. 공기는 물보다 가벼워서 위로 올라가니까 컵 위에 덮여 있던 손수건을 밀어 올려 불룩하게 만든 거야. 풍선처럼 수건 안에 모여 있는 공기는 결국 원래 컵 속에 들어 있던 공기인 거지. 손수건을 부풀게 한 딱 그만큼이 바로 컵 속에 들어 있던 공기인 거야! 어때, 내 주장이?

물은 지나가도, 공기는 지나가지 못한다?

어때, 아주 작고 무게도 거의 없을 것 같은 공기의 힘이 생각보다 세지? 민지 말대로 컵 안의 공기가 우리가 떨어뜨린 물 때문에 위로 올라가서 손수건을 부풀게 한 거야.

그런데 물은 손수건 사이로 잘 스며들어서 컵에 들어가는데, 왜 컵 속의 공기는 손수건을 뚫고 모두 나가 버리지 않았을까?

그 비밀은 물과 손수건에 있어. 만약 손수건이 물에 젖어 있지 않고 보송보송한 상태라면 공기는 손수건 사이로 더 쉽게 들락날락 드나들 수 있을 거야.

그런데 손수건이 물에 젖어 있게 되면 물 때문에 공기가 드나들기 어려워. 털이나 머리카락도 물에 젖으면 한데 뭉쳐 있지? 어휴, 내가 이래서 목욕을 싫어한다니까, 야옹!

아무튼 이렇게 물의 작은 입자들은 손수건 사이사이에 더욱 착 달라붙어 있으려고 해. 물의 이러한 성질 중 하나가 '표면 장력'이야. 이건 좀 어려운 말이니 다음 장에서 자세히 설명하지.

어쨌든 물 때문에 손수건 사이사이로 공기가 지나갈 수 있는 틈이 거의 없어졌다는 게 이해되지? 그래서 공기는 빠져나가지 못하고 위로 모여서 손수건을 볼록하게 부풀리는 거야.

케미의 과학 비법

증거를 토대로 주장하기

과학 활동의 큰 특징은 증거를 갖고 과학적 주장을 하는 거야. 과학자들은 관찰한 것들, 실험한 것들 중에서 중요하게 생각되는 증거를 찾아내지. 이렇게 찾아낸 증거는 과학자들이 주장하는 것을 강하게 뒷받침해. 변호사가 '피고인은 무죄다.'라고 주장하려면, 무죄임을 증명하는 타당한 증거를 대야 하는 것과 같아.

나와 민지는 오늘 실험에서, 빈 컵에 수건을 덮고 물을 조금씩 부었더니 그 안에 있던 공기가 물 위로 올라와 수건이 부풀어 오르는 현상을 보았어. 이 현상은 공기가 물보다 가볍다는 것을 말해 주는 증거가 될 수 있겠지? 물은 무거우니 컵 바닥으로 내려가고 컵 안에 있던 공기가 위로 올라와 손수건을 부풀게 한 거니까 말이야.

이 증거를 가지고 민지는 '공기가 물보다 가볍다.'는 주장을 더 확실하게 할 수 있게 되었지. 그렇다면 주장을 확실하게 하려면 증거를 어떻게 대야 할까?

우선 좋은 증거여야 해. 좋은 증거란 누가 해도 같은 결과가 나오는 것을 말해. 만일 민지가 한 실험을 다른 친구가 했는데 손수건이 부풀지 않았다면 좋은 증거가 아니겠지? 민지가 해도, 다른 친구들이 해도 같은 결과가 나와야 좋은 증거가 될 거야.

또, 증거가 여러 가지라면 친구를 더 잘 설득할 수 있겠지? 공기가 물보다 가볍다는 것을 보여 줄 또 다른 실험이 있으면 증거가 하나 더 늘어나니까. "못 믿겠어? 그렇다면 증거를 하나 더 보여 줄게."라고 하면서 말이야.

자, 이제부터 어떤 주장을 할 땐 '증거'를 대는 연습을 해 보는 건 어떨까?

6 물이 가득 찬 컵을 거꾸로 뒤집으면 어떻게 될까?

나는 물놀이가 여전히 재미있어. 오늘도 한참 동안 컵을 물속에 넣고 놀았지. 그런데 케미는 이제 재미가 없나 봐. 그만하자고 자꾸만 조르는 거야. 아이참, 그래서 난 케미한테 마술을 보여 줘야겠다고 생각했어.

- 케미야, 잘 봐. 내가 재미있는 걸 보여 줄게.
- 뭘 하는데?
- 먼저 이 컵에 물을 가득 담고 적신 손수건으로 컵 위를 잘 덮는 거야. 자, 다 됐다. 이제부터 내가 마술을 부려 볼게.
- 치, 네가 어떻게 마술을 보여 준다는 거야?

깜짝 놀란 케미는 어떻게 마술을 부린 거냐고 야단법석을 떨었어. 빨리 이유를 대라면서 말이야.

게다가 내가 몰래 뚜껑을 덮어 놓은 게 아니냐면서 손가락을 펴 보라고 호들갑을 떨지 뭐야. 근데, 사실 나도 이유는 잘 모르겠어. 우연히 뒤집어 봤는데 물이 쏟아지지 않던걸!

- 정말 신기하다. 어떻게 된 거야? 진짜 마술을 부린 거야?
- 아무래도 손수건 때문에 그런가 봐. 어떻게 된 건지는 나도 잘 모르겠어.
- 거참, 손수건이 무슨 뚜껑도 아니고 말야. 오호, 역시 중간에 무슨 장치를 한 거 아냐?
- 그건 아니야. 정 의심스러우면 손수건 말고 다른 걸로 해 볼게. 여기 종이가 있네.

내가 꼼수를 부린 게 아니라는 걸 보여 주기 위해, 종이를 가지고 똑같이 실험을 했어.

종이로 해도 아까처럼 물이 쏟아지지 않을까?

민지의 실험 노트

컵 뒤집기2 준비물 : 대야, 유리컵, 종이

1 대야와 유리컵, 종이를 준비한다.

2 컵에 물을 가득 담고 그 위에 종이를 덮은 다음 손바닥으로 받친 채 컵을 뒤집는다.

3 컵을 거꾸로 든 채 받쳤던 손바닥을 뗀다.

이... 이럴수가!!

- 물이 쏟아지지 않는 건, 손수건이나 종이의 문제가 아니라 뭔가 다른 이유가 있는 게 틀림없어!
- 정말! 진짜 신기한 마술이다!
- 음, 이건 마술이 아니고 과학인 것 같아.
- 나도 알아! 위에 있는 게 안 떨어지려면 아래에서 받쳐 주면 되는 거잖아.
- 응? 뭐라구?
- 물이 안 떨어지려면 아래에 있는 공기가 받쳐 줘야 하는 거 아니겠어?
- 힘도 없는 공기가 어떻게 받쳐 줘?
- 아냐, 공기랑 놀면서 느낀 건데, 공기가 생각보다 힘이 세던걸. 아까는 손수건도 막 들어 올렸잖아.
- 하하, 그건 그래.

공기는 가볍지만 생각보다 힘이 세요!

마술이 아니라 '표면 장력' 때문이지

민지가 마술 같다며 보여 준 실험이 어땠냐옹? 정말 봐도 봐도 신기하다니까? 마술 같은 실험이지만 사실은 다 과학적인 원리가 숨어 있다 이거야옹. 컵 밖의 공기가 같은 압력으로 물이 쏟아지는 걸 막아 준 거야.

뚜껑도 아닌 손수건과 종이로도 물이 쏟아지지 않은 또 다른 이유는 뭘까?

사실 이건 지난번에 잠깐 얘기했던 '표면 장력'이란 어려운 말과 관련이 있지.

손수건으로 컵 위를 덮고 뒤집자 손수건을 적신 물이 손수건 사이사이에서 서로 잡아당기며 붙어 있으려고 했기 때문에 물이 쏟아지지 않은 거야.

그렇다면 물이 서로서로 붙어 있으려고 하는 성질의 대표적인 현상에 대해 조금 더 알아볼까?

연못이나 개울에서 소금쟁이를 본 적이 있니? 소금쟁이는 물속에 가라앉지 않고 물 위에 잘 떠 있을 수 있어. 바로 물의 표면 장력 덕분이지.

그리고 풀잎에 맺힌 이슬이나 물방울이 동그란 모양인 것도 표면 장력 덕분이야. 너무 자주 봤기 때문에 당연한 것이라고 생각할 수 있지만 물이 서로 잡아당기며 가능한 한 꼭 달라붙어 있으려고 하다 보니 그런 동그란 모양이 나오는 거지.

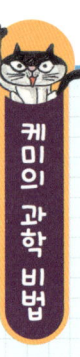

케미의 과학 비법

예상과 사실 맞춰 보기

과학자들은 가설을 세운 다음 실험 결과가 어떻게 될지 예상하고, 실험 결과로 얻은 사실과 맞는지 확인을 해. 사실과 예상이 잘 들어맞으면 가설이 잘 만들어진 거지.

이 실험에서 우리는 어떤 예상을 했지?
'물이 쏟아질 것이다.'
말은 안했지만, 우리는 '공기가 물을 받쳐 줄 수 없다.'는 가설을 가지고 있었던 거야. 그런데 실험 결과는 어떻게 나왔지?
'물이 가득 찬 컵에 손수건이나 종이를 덮으면 뒤집어도 물이 쏟아지지 않는다.'

우리의 예상은 실험한 사실과 맞지 않았어. 그래서 예상을 실험 자료와 같게 '물이 쏟아지지 않는다.'로 고치고, 다른 가설을 만들어야 했어. 그래서 우리가 찾아낸 가설은 다음과 같아.
"공기는 힘이 세서 물을 받쳐 줄 수 있다."

그럼, 이제 가설과 실험 결과를 연결해서 설명해 보자.

물이 가득 찬 컵에 손수건이나 종이를 덮은 뒤 거꾸로 뒤집으면 공기가 받쳐 줘서 물이 쏟아지지 않는다.
어때? 잘 맞아떨어지지?

7 텅 빈 주사기 안에 무엇이 있을까?

케미와 나는 공기가 눈에 보이지 않을 정도로 작지만 분명히 우리 주변에 늘 있다는 걸 알게 됐어.

어떻게 아느냐고? 과자 봉지에서도, 물컵에서도 확인했거든. 그리고 공기가 있어서 우리가 숨도 쉴 수 있는 거니까, 눈에 보이지 않는다고 없는 건 아니라는 걸 알게 됐지.

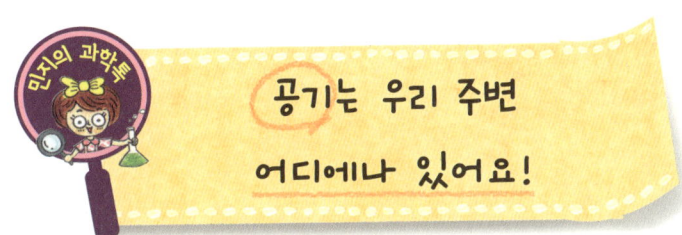

공기는 우리 주변 어디에나 있어요!

근데, 공기는 이리저리 돌아다니는데, 우리가 공기를 움직여 볼 수 있을까?

공기가 보인다면 움직이기 쉬울 거 같은데……. 공기를 볼 수 없으니 답답해. 공기가 보이지 않지만 움직인다는 걸 확인할 수 있는 도구가 없을까?

우리가 과학 실험을 하면서 놀 때 늘 그랬듯이 주변에 있는 도구부터 찾아봐야지!

어릴 때 가지고 놀던 장난감 상자를 꺼내 그 안을 마구 뒤지고 있는데, 내 머리 위로 뭔가가 하나 날아왔어.

 민돌 오빠는 주사기 하나를 던져 주고 바쁜 척 폼을 잡고 나가 버렸어. 이 주사기를 뭐에 쓰라는 건지 알 수가 없네. 케미와 나는 주사기 피스톤을 잡아당겼다 눌렀다 하면서 요리조리 탐색을 해 봤어.

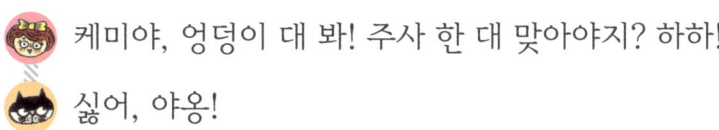

 케미야, 엉덩이 대 봐! 주사 한 대 맞아야지? 하하!
 싫어, 야옹!

 주사기의 피스톤을 쭉 당겼다가 밀어 넣으니 바람이 훅 나왔어. 주사기 바람으로 케미의 콧수염을 날려 버렸지. 정작 케미는

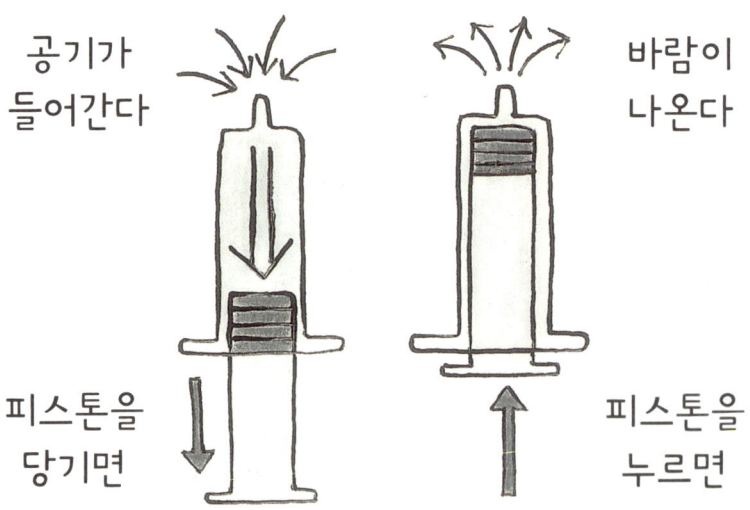

시원하다며 더 해 달라지 뭐야. 나는 주사기 바람을 이용해 케미의 털을 여기저기 살랑살랑 날려 줬어. 신기하게도 주사기 안의 피스톤을 당겼다 누르면 바람이 나오는 거야. 주사기 안에 있던 공기가 밀려 피스톤에 의해 나오면서 생기는 바람인 거지.

케미는 주사기를 만지작거리더니, 이번엔 새로운 시도를 해 보자고 제안했어.

공기가 한꺼번에 움직이면 바람이 돼요.

피스톤을 주사기를 끝까지 다 누른 다음 주사기 입구의 끝을 막고 다시 피스톤을 잡아당겨 보라는 거야.

- 아이고 케미야, 못하겠다. 내가 힘이 없나 봐.
- 왜? 잡아당기기 힘들어?
- 응! 엄청 힘들어. 그리고 손을 놓으면 피스톤이 곧바로 빨려 들어갈 것 같아.

- 그래? 그럼 내가 해 볼게. 손을 놓아 볼래? 어? 도로 스르르 들어가네.
- 피스톤을 누르지도 않았는데 쑥 들어가 버렸어.
- 그럼 민지야. 이번엔 주사기 안에는 뭐가 들어 있는 거야? 공기는 없는 거야?
- 글쎄, 주사기 안의 빈 곳에는 뭐가 들어 있는 걸까? 공기는 없는 것 같은데 도대체 무슨 일이 생긴 걸까?

케미와 나는 궁금한 게 많아졌어. 주사기 끝을 손가락으로 막고 피스톤을 잡아당기면 왜 이렇게 힘이 드는지, 피스톤을 잡아당겼던 손을 놓으면 왜 피스톤이 도로 빨려 들어가는지, 주사기 안에 공기가 있는 건지 없는 건지, 정말 알쏭달쏭해.

민돌 오빠는 어디서 뭘 하고 있을까? 물어볼 게 많은데 빨리 좀 들어오지!

케미의 과학 탐구

공기를 어떻게 확인할 수 있을까?

"공기는 눈에 안 보이니 너무 답답해!"

오늘 민지가 이렇게 푸념하지 뭐야? 그러게 말이야. 나도 그게 참 갑갑해.

공기는 대체 왜 우리 눈에 안 보이는 걸까? 굴뚝 위 연기나 물이 끓으면 생기는 김은 잘 보이는데 말이야.

간단히 말하면 공기는 정말 작기 때문이야. 우리가 알고 있는 그 어떤 것보다도 작지. 생쥐 꼬리보다도 작고, 고양이 발톱의 때보다도 훨씬 더 작아.

그래서 공기 자체만을 우리 눈으로 확인하긴 어려워.

하지만 앞에서도 실험했듯이 다른 물체와 함께라면 공기의 존재를 확인할 수 있지! 물에 반쯤 잠긴 컵 속에 공기 덩어리가 갇혀 있는 걸 확인하는 실험을 이미 해 봤지? 그 외에도 풍선을 불면 납작하던 풍선이 점차 빵빵해지는 건 잘 알 거야. 이것도 우리가 공기를 불어 넣었기 때문에 생긴 현상이라고 할 수 있지. 생일 파티 때마다 불던 풍선에도 이런 과학 원리가 숨어 있는 줄은 몰랐지?

인과 관계 따져 보기

과학은 공기처럼 눈에 보이지 않는 현상을 설명하기 위해 이론을 만들어 내지. 그러기 위해서는 원인과 결과(인과 관계)가 맞는지 따져 보는 것이 중요해.

민지와 나는 이번에 알 수 없는 현상을 경험하였는데, 한번 정리해 볼까?
주사기의 피스톤을 끝까지 밀어 넣은 다음, 주사기 끝을 손가락으로 막고 피스톤을 바깥쪽으로 힘껏 잡아당겼더니 어떤 현상이 나타났지?

① 피스톤이 잘 잡아당겨지지 않으며, 힘이 많이 든다.
② 잡아당긴 후 피스톤을 놓자마자 안으로 쑥 빨려 들어간다.

이때 알쏭달쏭했던 것이 있어.

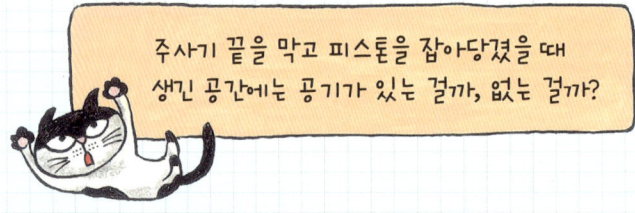

주사기 끝을 막고 피스톤을 잡아당겼을 때 생긴 공간에는 공기가 있는 걸까, 없는 걸까?

이 상황에서 '인과 관계'를 적용해 볼까?
1. 피스톤을 끝까지 밀어 넣으면 공간이 없어진다(따라서 그 안에 공기가 없다).
2. 주사기 끝을 손가락으로 막고 피스톤을 잡아당기면 공간이 넓어진다.
3. 주사기가 손가락으로 전부 막혀 있어 공기가 들어갈 데가 없다. 따라서 공간은 있지만 공기는 없다.

4. 그 공간에는 아무것도 없다. 따라서 피스톤을 놓으면 원래 공간이 없었던 상태로 (빈 공간으로) 돌아간다.

'공간은 있지만 공기는 없다.'는 것은 언뜻 이해하기 어렵지만, 인과 관계를 따져 보면 그렇게 설명할 수 있어. 따라서 과학을 할 때는 이치에 맞게 인과 관계를 잘 따지는 습관이 중요해.

8 아무것도 없는 공간을 확인해 볼까?

민돌 오빠는 하루 종일 빈둥거리며 만화책을 보고 있어. 케미와 나는 조용히 주사기와 물을 가져와 실험 준비를 했어. 오빠가 알아채면 좀 귀찮아지기 때문이야. 우리가 무슨 실험만 하려고 하면 오빠는 꼭 간섭하려고 든단 말이지.

그런데 가끔은 오빠가 툭툭 던지는 말이 케미와 내 생각을 자극시키기도 해. 어제도 오빠가 주사기를 빌려 준 덕분에 케미와 내가 멋진 생각들을 했거든.

오늘은 케미와 내가 좋은 생각이 나서 우리끼리만 재밌는 실험을 할 거야. 눈에 보이지 않는 공기 대신, 눈으로 볼 수 있는 물로 주사기 놀이를 하는 거지. 자, 시작해 볼까?

우선, 케미와 나는 대야에 물을 반쯤 담았어. 그러고는 주사기 피스톤을 잡아당긴 후, 물속에 넣고 피스톤을 밀어 보는 거야. 어떻게 될까?

와! 주사기 속에서 공기 방울이 뽀글뽀글 나오네. 그러니까 피스톤을 당긴 주사기 안에는 공기가 있던 거야.

이번에는 주사기 끝을 손가락으로 막고 피스톤을 잡아당겨 봤어. 피스톤을 잡아당기는 데 역시나 힘이 꽤 들어가. 그런 채로 주사기를 물속에 넣은 다음, 주사기 끝을 막고 있던 손을 물속에서 떼어 보면 어떻게 될까?

🧒 케미야, 어떻게 될 거 같아?

🐱 피스톤이 도로 주사기 안으로 쏘옥 끌려 들어가지 않겠냐옹? 왜냐하면 주사기 안에는 아무것도 없고, 또 손으로 막지도 않았으니까. 그러니까 피스톤이 제자리로 돌아갈 것 같아. 넌 어떻게 생각해?

👧 내 생각에는 아무 일도 일어나지 않을 거 같아. 피스톤을 잡은 손을 놓을 때는 피스톤이 빨려 들어갔지만, 이번엔 주사기 끝을 막은 손을 떼니 그냥 그대로 있게 되는 거지.

👦 과연 그럴까? 역시 너희들의 생각은 아직 어리다니까?

어휴, 또 오빠가 참견하기 시작했어! 내 생각도 케미의 생각도 그럴듯한데 민돌 오빠는 대체 왜 그러는 거야? 과연 누구의 예상이 맞을까?

🎀 앗! 케미야, 이것 봐! 무슨 일이 생긴 거지? 이건 우리가 예상했던 것과 전혀 다르잖아!

🐱 야옹, 물이 주사기 안으로 쑥 빨려 들어가네?

주사기 끝을 손가락으로 막고 피스톤을 잡아당긴 후, 물속에 넣고 손가락을 떼니 물이 주사기 안으로 들어갔어!

주사기 안에는 공기도, 물도 아무것도 없었나 봐. 아무것도 없는 상태에서 주사기 끝을 막은 손을 떼니 물이 빨려 들어간 거야. 주사기 안은 '아무것도 없는 공간'이었던 게 확실해.

케미와 나는 과학자들도 이걸 이미 알고 있는지 궁금했어.

아무것도 없는 공간이 있어요.

🎀 과학자들도 이걸 알고 있었을까?

🐱 우리가 처음 발견한 게 아닐까? 난 천재 야옹이니까!

👨 이 꼬맹이들아, 그건 '진공'이라는 거야.

🎀 '진공'이라니? 그게 뭔데?

- 아무것도 없는 공간이 바로 진공이야. 좀 어렵게 말하면 '공간은 있고 물질이 없는 상태'를 말하는 거지.
- 공간은 있되, 공기나 다른 물질이 없는 걸 말하는 거야?
- 그렇지. 이제야 말이 좀 통하는군.
- 우리가 발견한 '아무것도 없는 공간'을 '진공'이라고 하는구나.
- 난 우리가 발견한 줄 알고 괜히 좋아했네! 야옹!

그런데 과학자들은 진공에 대해 언제부터 알게 되었을까? 또 얼마나 알고 있을까?

진공에 대해 조사해 보니, 많은 과학자들이 나왔어. 유명한 고대 철학자 아리스토텔레스부터 시작해서 갈릴레이, 보일에 이르기까지 많은 과학자들이 있어.

아주아주 옛날 과학자들은 진공이 없다고 생각했는데, 시간이 많이 흐르면서 과학자들이 진공을 발견했대. 진공을 발견하고 나서 여러 과학자들은 진공을 확인하기 위해 실험을 한 것 같아. 그들도 진공에 대해 믿기 어려웠나 봐. 케미와 내가 진공을 볼 수 없으니 믿기 어려웠던 것처럼 말야. 과학자들 생각도 우리 생각이랑 비슷한 점이 많이 있었구나.

케미의 과학 탐구

진공이란 무엇일까?

지난번 실험에서 주사기 끝을 막고 피스톤을 잡아당기니 잘 당겨지질 않았지? 피스톤을 놓자마자 쑥 들어가고 말이야. 그 공간에 무엇이 있는지 혹은 아무것도 없는지 확인을 해 보기 위해 실험을 했지.

사실 민지는 아주 중요한 걸 알아낸 거야.

주사기는 한쪽 끝이 뾰족하게 되어 있고 둥그렇고 긴 플라스틱 통 안에는 끝이 고무로 된 피스톤이 있지. 피스톤은 통에 꽉 맞게 만들어져서 공기가 통하지 않아. 공기는 오직 뾰족하게 뚫린 쪽으로만 들락날락할 수 있지.

민지가 실험한 것처럼 피스톤을 끝까지 눌러 주사기 속에 있던 공기를 다 빼 준 다음, 뾰족한 쪽을 손가락으로 막으면 그 안에는 공기가 없겠지? 그 상태에서 피스톤을 밖으로 쭉 잡아당기면 주사기 안의 빈 공간에는 무엇이 있을까?

그래, 맞아. 그 안엔 아무것도 없는 거야. 공기마저도! 공기가 들어갈 틈이 없었으니까. 그렇게 아무것도 없이 비어 있는 것을 '진공'이라고 해. 오늘 우리는 진공 상태를 만들어 본 거야!

그런데 진공은 공기도 없고 아무것도 없는 상태이기 때문에 그대로 유지하기가 힘들어. 그래서 지난번 실험에서 주사기를 잡아당긴 채 그대로 유지하기가 그렇게 힘들었나 봐. 주사기 밖에 있는 공기가 피스톤을 밀어 넣기 때문에 말이야.

또 주사기 끝을 손가락으로 막고 피스톤을 잡아당긴 후 대야에 넣고, 주사기 끝을 막고 있던 손가락을 떼어 보니 주사기 안으로 물이 쑥 들어갔지? 주사기 안에 아무것도 들어 있지 않았기 때문에, 주변에 있던 물이 안으로 빨려 들어간 거야.

만약 공기 중에서 주사기 끝을 막은 손가락을 놓았다면 공기가 빨려 들어갔겠지.

실험으로 얻은 증거를 지식과 연결하기

과학자들은 현상을 설명하기 위해 증거를 찾아야 해. 관찰을 하거나 실험을 계획하여 여러 가지 자료(데이터)들을 찾은 다음 적절한 증거를 구분해 내지. 그런데 그 증거가 적절한 증거인지 아닌지 어떻게 판단할까?

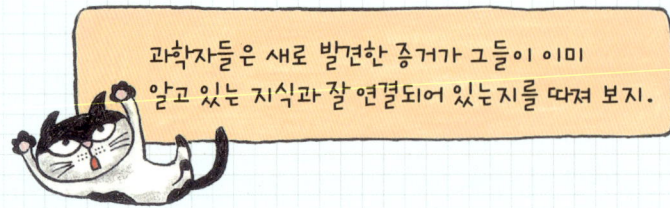

과학자들은 새로 발견한 증거가 그들이 이미 알고 있는 지식과 잘 연결되어 있는지를 따져 보지.

그래서 만일, 자기가 알고 있는 다른 과학 지식과 새로 찾아낸 증거가 잘 연결되지 않는다면 그 증거가 과연 괜찮은 것인지 의심해 보게 되는 거지.

이번에 민지와 나는 스스로 실험을 만들어 했어. 아무도 가르쳐 주지 않았는데 말이야. 실험 결과는 우리의 상상을 초월했지. 한 번도 경험해 보지 못한 거였으니까. 그래서 우리는 새로운 발견이라고 환호했지만, 과연 아무도 모르고 있었을까? 다른 사람들은 알고 있었는지, 특히 과학자들은 알고 있었는지 확인해 보는 게 중요해. 왜냐하면 과학은 굉장히 오랫동안 연구되어 온 학문이니까 말이야.

민돌이 말대로 과학자들은 오래전에 '아무것도 없는 공간'을 '진공'이라고 이름 붙였대. 이처럼 과학자들은 보이지 않는 현상을 설명하고, 이름을 붙여서 과학 지식을 발전시켜 왔어. 민지와 나는 이번 실험에서 증거(아무것도 없는 공간)와 과학 지식(진공)을 연결했어. 이렇게 하면 진공이 무엇인지 실험을 통해 확실히 이해하게 될 거야. 이제 '진공'에 대해 확실히 알았으니, 민지가 '진공'이라는 용어를 사용하면, 더 유식한 꼬마 과학자가 되겠지?

9 기체와 기체 사이에 무엇이 있을까?

🧑 민지, 케미! 오늘은 내가 퀴즈를 낼 테니까 맞혀 볼래? 내가 읽던 책에서 나온 건데, 너희들도 공기와 기체에 관한 실험을 했으니 한번 고민해 봐. 에헴, '기체와 기체 사이에 무엇이 있을까?'

🐱 응? 기체와 기체 사이? 그건 쉽지! 기체와 기체 사이에는 또 다른 기체가 있겠지 뭐.

🧑 케미가 자신 있게 대답하네? 민지 너도 그렇게 생각해?

👧 내 생각엔 말이야. 기체는 그냥 빈틈없이 연결된 게 아닐까? 블록이나 벽돌을 쌓아 놓은 것처럼 말이야. 사이사이에 뭔가가 있는 게 아니라…….

77

그렇지만, 공기 중엔 여러 가지 기체가 있잖아. 그건 너도 알지? 질소도 있고, 산소도 있고, 수증기도 있고, 또 다른 이름을 가진 기체들이 있는걸. 이런 기체들이 벽돌처럼 빈틈없이 연결되어 있단 말이야?

오빠 질문에 한참 고민하다 이런 생각이 들었어.

기체의 종류가 너무 많아서 무엇이 무엇인지 헷갈리니까, 번호를 붙여 보는 거야.

기체 1번, 기체 2번, 기체 3번······.

기체 1번과 기체 2번 사이 기체는 4번으로 정하고 기체 2번과 기체 3번 사이 기체는 5번이라 붙여 보는 거야.

기체 1번과 기체 3번 사이는 기체 6번으로 붙이고, 기체 5번과 기체 6번 사이는 7번!

어? 그럼, 기체 7번과 기체 6번 사이에는?

이런, 공간이 없어. 더 이상 기체를 그려 넣을 공간이 없는데? 이런 식으로 하면, 공기 중에는 기체가 빽빽이 차 있게 될 거 같아. 그런데 좀 이상하지 않아? 공기는 작고 가벼워서 여기저기 돌아다닐 수 있는데 이렇게 그림처럼 빽빽하게 모여 있으면 움직일 틈도 없잖아? 공기가 몰려다녀 바람이 되기도 하고, 또 물속에서 공기 방울이 올라오는 것도 봤는데 말이야.

- 이건 이상해. 공기는 잘 움직이잖아. 이리저리 바람도 불고.
- 그래, 역시 내 동생이라 가끔은 똑똑해지기도 하는구나? 그럼 그림으로 그리지 말고 이렇게 생각해 봐. 기체 하나가 우리처럼 크다고 생각해 보자. 너랑 나랑 기체라면 너와 나 사이에 뭐가 있는 거 같아?
- 그거야 다른 기체가 있겠지?
- 아니, 그게 아니라 우리가 기체 하나하나라고 생각해 보자는 거 아니냐옹?

그렇지! 그러면 우리 사이에 뭐가 있을까?

지금? 지금 우리 사이엔 아무것도 없잖아? 오빠 옆엔 나밖에 없는걸.

아무것도 없다? 아, 그러면, 지금 민돌이랑 민지 사이에 아무것도 없듯이, 기체 하나와 그 옆에 있는 기체 하나 사이에는 아무것도 없는 거야?

아하, 그래야 우리가 이리저리 움직일 수 있겠구나.

그림으로 그리자면, 기체가 서로 어느 정도 떨어져 있는 거지. 공기 중에 가장 많은 질소, 그 다음으로 많은 산소, 그리고 나머지 수소, 수증기, 아르곤 등등, 그런 기체들이 서로 떨어져 있어. 그러면 기체들 사이에 빈 공간이 있고, 그 빈 공간으로 기체가 움직일 수 있는 거야. 기체들 사이에 아무것도 없는 빈 공간을 '진공'이라고 하는 거지.

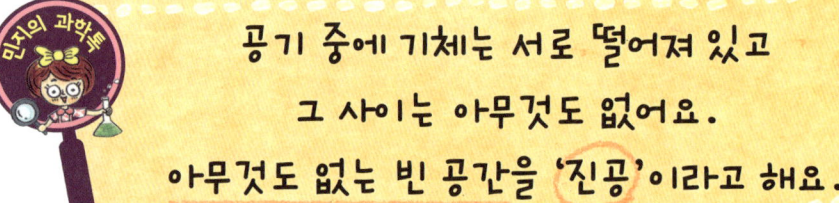

공기 중에 기체는 서로 떨어져 있고 그 사이는 아무것도 없어요. 아무것도 없는 빈 공간을 '진공'이라고 해요.

좋았어, 그럼 내가 직접 기체가 된 듯이 돌아다녀야지! 나는 질소가 되고, 케미는 산소가 되는 거야. 그러고는 집 안을 돌아다녀 보는 거야.

케미와 나는 오빠 말대로 각자 '질소' 기체 하나와 '산소' 기체 하나가 되어 집 안 구석구석을 돌아다녀 보았어. 서로 부딪치지 않도록 피해 가면서 말이야.

이렇게 기체가 되어 돌아다녀 보니 기체와 기체 사이에는 아무것도 없다는 말이 무엇인지 어렴풋이 알 것도 같은걸.

머릿속으로 상상해 보기!

　이번에 민지와 나는 공기가 어떻게 위치해 있는지 그리고 어떻게 움직이는지 상상해 봤어. 공기가 벽돌이나 블록처럼 서로 꼭 붙어 있는지, 아니면 민지와 나, 그리고 민돌 오빠처럼 조금씩 떨어져 있는지. 그리고 움직이기 위해서는 붙어 있어야 유리한지 아니면 떨어져 있어야 유리한지 말이야.

　상상을 한 다음엔 실험을 하고 추론을 해 보는 거야. 우리가 공기가 되어 실험을 할 수 있어. 셋이 꼭 붙어 있으면 움직이기 어려워. 반대로 셋이 떨어져 있으면 이리저리로 움직일 수 있어. 움직이려면 민지와 나, 그리고 민돌 오빠 사이에는 아무것도 없어야겠지.

　아주 오래전 과학자들은 '빈 공간은 없다.'고 주장했어. 마치 바다가 파란 바닷물로 꽉 차 있는 것처럼 공간도 무언가로 꽉 차 있을 거라고 상상했거든. 공간이 무언가로 꽉 차 있는 거라면 빈 공간 같은 건 있을 수 없지.

　그러나 시간이 지나면서 과학자들은 실험을 통해 빈 공간을 발견하게 된 거야. 그 빈 공간을 과학 용어로 '진공'이라고 해.

　주사기에 물을 담고 끝을 손으로 막은 다음, 피스톤을 누르면 잘 들어가지 않아. 물 같은 액체에는 빈 공간이 거의 없기 때문이야. 그런데 주사기에 공기를 담고 끝을 손으로 막은 다음, 피스톤을 누르면 조금 들어가는 걸 볼 수 있어. 공기의 기체들 사이에는 액체보다 빈 공간이 많기 때문이지.

　과학에서 상상을 한다는 건 참 중요한 것 같아. 특히 눈에 보이지 않는 걸 생각하고 싶을 땐 말이야. 게다가 상상만으로 그치지 않고 과학적 사고로 발전시키려면, 실험으로 근거를 찾고 추론을 하는 것이 더더욱 중요하겠지?

과학 용어를 사용해 이야기하기

과학은 어려운 용어들로 가득 차 있어. 예를 들면 기체, 질소, 산소, 진공 같은 용어들이야. 하지만 낯설어도 어려워하지 마. 우리가 지금 말을 하고 알아듣는 것도 아주 아기였을 때부터 계속 들었기 때문이잖아. 처음에 들었을 때는 '컵'이 뭔지, '밥'이 뭔지 몰랐을 테니까 말이야.

예를 들어, 사람들이 컵을 가리키며 "컵 가져와."라고 하는 것을 여러 번 경험해야 '컵'이라는 단어가 어떤 물건을 가리키는지 알게 되는 거지. 이처럼 생소한 용어는 자주 들어 익숙해지면서 이름과 뜻을 배우는 게 좋아.

물론 과학 용어는 매우 생소해. 그렇지만 과학은 자연을 이해하기 위한 학문이기 때문에, 우리가 경험하는 것과 연관시켜서 이해하려고 노력하면 그렇게 어렵지 않아.

이번 활동에서 민돌 오빠가 어려운 질문을 내서 민지와 나는 무척 당황했지. 기체 입자는 서로 연결되어 있을까? 떨어져 있을까? 우리는 기체가 벽돌이나 블록을 쌓은 것처럼 무언가로 꽉 차 있을 거라고 가정했지만, 만약 서로 틈이 없이 꽉 차 있다면 기체들이 움직이지 못할 거라는 것을 추리해 냈지. 그리고 민지가 질소가 되고 내가 산소가 되어 움직여 보는 활동을 하면서, 기체들은 서로 떨어져 있다는 걸 알게 되었어. 그러면서 우리는 기체라는 것과 산소, 질소를 비롯한 여러 가지 기체의 이름들을 사용했어. 진공이라는 표현도 하게 되었고. 그러니까 과학을 너무 어렵게 생각하지 말고 우선은 우리가 아는 것에 비유해서 이야기하는 거야. 그러다 보면 과학 용어와 개념으로 자연을 설명하는 자신을 발견하게 될 거야.

결론

민지와 케미의 실험은 여기까지! 이제 우리가 실험을 통해 알게 된 사실을 점검해 볼까?

공기 중에 가장 많은 기체, 질소

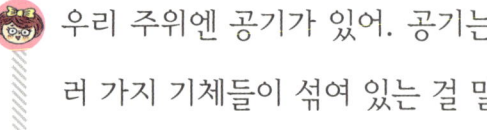

- 우리 주위엔 공기가 있어. 공기는 보이지 않지만 여러 가지 기체들이 섞여 있는 걸 말해. 공기에는 어떤 기체들이 있을까? 또 공기 중에 가장 많은 기체는 뭘까?

- 산소라는 기체도 있고 질소라는 기체도 있지. 공기 중에 가장 많은 기체는 질소야. 질소가 공기의 약 78퍼센트나 차지하지.

반응하지 않는 기체, 질소

- 과자 봉지에 넣는 기체는 질소였어. 질소 대신 다른 기체를 넣지 않는 이유는 뭐였지?

- 우리는 그 이유가 너무 궁금해서 실험해 봤지. 과자 봉지에 여러 기체가 혼합된 공기를 넣는 실험을 해 보니, 과자 맛이 변했

어. 반면에 질소는 어느 것과도 반응하지 않아서 과자 봉지에 질소를 넣으면 과자 맛이 변하지 않지. 그래서 과자 봉지에는 질소만 넣는 거야.

물보다 가벼운 공기

공기는 아주 작아서 볼 수 없어. 먼지보다 훨씬 더 작은 공기는 산소, 질소처럼 눈에 안 보이는 기체들이 모인 거야. 눈에 보이지 않을 정도로 작다면, 공기는 무게가 없을까?

공기에도 무게가 있어. 그런데 아주 가볍지. 우리가 느낄 수 없을 정도로 말이야. 공기는 물보다 가벼워서 항상 물 위로 떠올라. 우리가 실험을 통해 확인했던 사실, 기억나지? 컵 속에 물과 공기가 함께 있을 때, 공기가 늘 물 위로 올라왔던 것 말이야.

힘이 센 공기

그런데 신기하게도 공기는 가볍지만 한편으로는 힘이 세. 접착제로 붙인 것도 아닌데, 컵에 물을 가득

 넣고 종이를 붙이면 거꾸로 들어도 물이 쏟아지지 않았어.

그래, 마치 마술 같지! 종이 바깥쪽 공기의 힘이 물컵의 종이를 받쳐 주어 물이 쏟아지지 않았어.

보이지 않아도 움직이는 기체

 기체는 안 보이지만 이리저리 움직여. 기체는 어디로 움직이는 걸까? 그리고 서로 부딪치진 않을까?

 우리도 움직이려면 사람이 없는 곳으로 발을 옮겨야 하는 것과 마찬가지로, 기체는 다른 기체들이 없는 곳으로 움직이겠지? 기체들이 덩어리가 되어 한꺼번에 움직이면 바람이 돼. 물론 기체가 움직이다 다른 기체와 쾅 부딪치기도 하지. 그러면 다시 튕겨져 나와 다른 곳으로 움직이는 거야.

아무것도 없는 공간, 진공

 우리 주위엔 공기로 가득 차 있을까? 아주 옛날 과학자들이 생각했던 것처럼 공기가 빽빽하게 차 있다면, 기체들이 어디로

움직일까?

옛날 과학자들의 생각처럼 공기는 빽빽이 차 있지 않아. 기체들은 서로 떨어져 있거든. 우리가 주사기 실험으로 확인했듯이, 기체와 기체 사이에는 아무것도 없는 빈 공간이 있어. 아무것도 없는 빈 공간을 '진공'이라고 해.

공기에 대해 알게 되니 공기와 친해진 느낌이야. 숨을 쉴 때마다 기분이 좋아지는걸.

부록
케미의 과학 비법 총 정리

    과학자의 활동을 자세히 들여다보면, 아주 어렵거나 특별한 과정이 숨어 있는 것은 아니야. 민지와 내가 한 놀이나 활동도 과학자들의 활동과 기본적으로는 크게 다르지 않거든.

    각자 자신이 처한 환경과 상황에서 과학적 방법으로 생각하고, 또 자신이 가진 의문을 끊임없이 탐구해 나가는 그런 자세가 중요한 것 아닐까?

    초등학생은 과학을 하기엔 아직 어리다고 생각하기 쉬운데, 결코 그렇지 않아. 과학이 어려운 것이 아니라 우리 주변에서 궁금한 일을 탐구하는 것이라고 생각해 봐. 민지처럼 작은 호기심부터 시작하는 거야. 우리 생활 주변에서 흔히 볼 수 있는 작고 익숙한 현상들의 원인을 알고자 탐구하다 보면, 결국 거대한 과학적 현상과 연결될 거야. 멋지지 않아?

    그럼, 과학자들이 하는 활동에는 어떤 특징이 있는 걸까? 앞에서 실험할 때마다 조금씩 이야기했던 것을 한번 종합해서 정리해 볼게.

하나, 질문하기

과학자들은 궁금한 현상에 대해 우선 '질문'을 해. '하늘은 왜 파랄까?', '지진은 어떻게 나는 걸까?' 그리고 그 질문에 대해 답을 찾으려고 노력을 하지. 민지도 과자를 먹다가 여러 가지 질문을 했잖아. '과자 봉지는 왜 빵빵할까?', '과자 봉지에 질소를 넣는 이유는 뭘까?', '질소를 모을 수 있을까?' 이렇게 궁금한 것에 대해 질문을 만드는 것이 과학 활동에서 매우 중요한 일이 되는 거야.

둘, 증거 찾기

질문에 답이 될 만한 설명을 하려면 무엇이 필요할까? 바로, '증거'야. 경찰이 범인을 잡으려면 사건 현장에 가서 범행과 관련된 증거를 찾아야 해. 이와 마찬가지로, 과학에서도 설명하려는 것을 뒷받침해 줄 수 있는 증거를 찾아야 하지. 증거를 찾으려면, 현상을 자세히 관찰해서 패턴이나 규칙들을 골라내는 것이 중요해.

셋, 설명하기

질문에 대답하는 것을 '설명한다.'고 해. 타당한 증거를 토대로 믿을 만한 설명을 만들어 내는 거야. 어떤 친구가 UFO가 있다고 주장할 때, 친구들이 '못 믿겠어, 증거를 대 봐.'라고 하잖아. 과학에서도 마찬가지야. 질문에 대한 답으로 다른 사람들을 잘 이해시키려면, 과학자는 증거를 뒷받침해서 좋은 설명을 만들어 내야 하는 거지.

넷, 평가하기

과학자의 설명이 좋은 것이 되려면 우선, 증거가 뒷받침되어야 하지. 다음으로 중요한 것은 그 설명이 다른 과학 지식들과도 잘 연결되어 있는지를 따져 보는 거야. 만약 다른 과학 지식과 잘 연결되지 않는다면 다음의 경우를 생각해 볼 수 있어.

첫 번째, 설명에 문제가 있는 경우야. 이런 경우는 문제점을 찾아내도록 다시 노력해야지.

두 번째, 과학 지식이 틀린 경우야. 과학 지식이 틀린 경우를 발견했다면, 아마 여러분은 훌륭한 과학자가 되는 거겠지?

　세 번째, 설명도 옳고 과학 지식도 옳다면, 그 설명을 만들어 냈던 사건은 예외가 될 수 있어. 예외는 일반적인 현상과는 다르지만 나타날 수 있는 일이거든.

다섯, 논의하기

　질문에 대한 좋은 설명을 얻기 위해서는 혼자 고민하지 말고 주위 사람들과 논의해야 해. 논의할 때는 내 주장과 다른 사람의 주장 중에서 어느 것이 더 좋은지를 살펴봐야 해. 누구 주장이 더 타당한지, 증거는 있는지, 다른 과학 지식과 잘 연결되는지 등을 고려하여 논의해야겠지.

　민지와 했던 여러 가지 활동에는 이와 같은 과학의 기본적인 비법이 잘 담겨져 있어. 일상생활에서 궁금한 것을 질문으로 만들기도 했지. 또 질문에 답을 하기 위해 아주 열심히 증거를 찾았고. 증거를 찾기 위해 실험 계획을 세워서 실험군과 대조군을

만들어 비교하기도 했어. 그리고 자세히 관찰해서 패턴을 찾기도 했지.

증거를 찾으면 설명을 만들어 내는데, 이 설명이 과학적으로 괜찮은지 검토하기 위해 민지는 인터넷을 검색해서 과학 지식을 찾아보기도 했어. 옛날 과학자들은 같은 질문에 대해 어떤 생각을 했는지 말이야. 이 모든 과정은 민지와 내가 열심히 대화를 하면서 만들어 간 거지. 물론, 민돌이도 한몫했다고 볼 수 있어.

자, 이제부터 궁금한 건 참지 말고 서로 이야기해 보기로 해. 진짜 과학을 잘하고 싶다면 말이야!